Extrait du *Bulletin de la Société historique et archéologique de Langres*

UNE

COMMUNE RURALE

DE LA HAUTE-MARNE

En l'An III de la République

PAR

H. METTRIER

LANGRES

IMPRIMERIE CHAMPENOISE

1 et 3, rue Claude-Gillot, 1 et 3

1910

UNE COMMUNE RURALE

DE LA HAUTE-MARNE

EN L'AN III DE LA RÉPUBLIQUE

De quoi s'occupe-t-on dans une commune rurale de la Haute-Marne en l'an III de la République ? A cette date, le gouvernement révolutionnaire qui a commencé à fonctionner au moment de la suspension de Louis XVI (10 août 1792), commence à relâcher ses ressorts si fortement tendus pendant les mois qui précèdent la chute de Robespierre. Successivement, les rouages qui le constituent s'affaiblissent ou disparaissent. On rend aux administrations de département les pouvoirs qu'elles possédaient avant le décret du 14 frimaire an II ; on ferme le Club des Jacobins ; on supprime la plupart des Comités de surveillance; on abolit le sinistre instrument du règne, le Tribunal révolutionnaire qui envoyait à l'échafaud ses victimes par fournées, sans respecter aucune forme de légalité. L'an III, c'est au dehors, la paix s'annonçant par les préliminaires du traité de Bâle ; à l'intérieur, dans l'ordre politique, le vote et la mise en vigueur d'une Constitution nouvelle, dans l'ordre philosophique et religieux. le premier essai de séparation de l'Église et de l'État, De jour en jour, s'affirme plus fort le mouvement de réaction contre les idées et les hommes de la Terreur, mais le parti montagnard n'a pas encore complètement désarmé et le peuple de Paris. en proie à une terrible misère, se soulève et à deux reprises, envahit la salle de la Convention. Pendant que ces événements se passent dans la capitale, que deviennent les habitants des campagnes ? Leur sort n'a pas préoccupé jusqu'ici beaucoup les historiens, et cependant ils constituaient alors la partie de beaucoup la plus nombreuse et à bien des égards la plus intéressante de la nation. Aussi, quoique leur destinée ne soit pas aussi fertile en péripéties émouvantes que celle des cités populeuses, mérite-t-elle d'attirer également notre attention.

Il n'est guère de haut-marnais qui ne connaisse la gracieuse situation de Vignory, petit chef-lieu de canton du département situé à 22 kil. au Nord de Chaumont. Ses maisons, que domine un château ruiné du Xe siècle, se pressent au fond d'un étroit vallon, entre des collines boisées sur la verdure desquelles se détache le clocher d'une vieille église romane. Ce site pittoresque mettait en branle l'imagination vagabonde et sentimentale de Diderot qui, dans ses *Lettres à Mademoiselle Volland*, s'exprime d'une façon plus que libre sur le compte des jeunes habitantes de ce village (1). A cette époque, la population de Vignory était à peu près le double de ce qu'elle est aujourd'hui (2). Une industrie très répandue dans la région, la fabrication des bas de laine à l'aiguille, ajoutait ses modestes bénéfices (3) à ceux que procuraient les travaux agricoles. Depuis, la rectification de la grande route, la suppression des relais de poste, le dépeuplement qui sévit, avec une inquiétante intensité, sur les contrées peu fortunées du département de la Haute-Marne, ont

(1) Lettre XIII, 17 août 1759. *Œuvres complètes*, édit. Assézat et Tourneux, Paris, in-8, 1875-1879, t. XVIII, p. 382.

(2) En 1785, on compta à Vignory 43 naissances, ce qui d'après le mode de calcul usité à l'époque, donnerait une population supérieure à 1.000 habitants (Arch. nat., D IV *bis* 44). Mais l'Etat des feux des communes du bailliage de Chaumont dressé lors de la comparution des paroisses pour les élections aux États Généraux, indique seulement 212 feux (Arch. nat., Ba 32). Expilly, dans son *Dictionnaire géographique* (t. II, p. 302) paru quelques années plus tôt, en comptait 188. Enfin le recensement exécuté au début du XIXe siècle attribué à Vignory 850 habitants.

(3) « Les plus habiles gagnent 5 à 7 sols au plus par jour, et il faut que l'ouvrier tricote deux ou trois bas dans sa journée. Le produit se monte à huit ou neuf cents douzaines de paires de bas. La paire se vend de 45 à 50 sols ». (Arch. nat., G² 26, Mémoire de localité de la direction de Chaumont, 1787).

réduit à près de 450 le nombre des habitants de la commune.

Les délibérations de la municipalité de Vignory, pour l'époque de la Révolution, ne nous sont malheureusement parvenues qu'à l'état extrêmement incomplet. Des deux registres qui les renferment, l'un va du 7 septembre 1788 au 10 janvier 1790, l'autre du 2 vendémiaire an III au 4 brumaire an IV. Il serait donc impossible d'étudier dans son fonctionnement la première municipalité issue du suffrage populaire, celle qui fut élue au début de 1790, et on doit d'autant plus le regretter qu'elle avait à sa tête le propre curé de la commune, Louis Roux (1), dont il est inutile de rappeler ici le rôle actif comme vicaire épiscopal de Wandelaincourt et représentant de la Haute-Marne à la Convention. Son élection aux fonctions de maire montre du moins qu'il possédait l'estime et la confiance de ses paroissiens, et peut-être réussit-il à sortir le pays de la torpeur dans laquelle il végétait auparavant. Rien de plus vide, en effet, rien de plus insignifiant, si l'on s'en réfère au contenu du premier registre, que la vie municipale de Vignory, à la veille de la Révolution. On en jugera par cette mention qui se répète, parfaitement identique, depuis le 1er février 1789 jusqu'au 26 juillet suivant : « Ce dimanche, à l'issue de la messe, l'assemblée s'est réunie et n'ayant rien à délibérer, elle s'est retirée, et ont les membres d'icelle signé ». Et cependant la France était à ce moment en proie à une agitation et à une fièvre dont il est difficile de se faire idée. Ce printemps est celui de la rédaction des cahiers de doléances, de l'élection des députés aux États Généraux (2) ; ce mois de juillet est celui de la prise de la Bastille. Mais c'est vainement que l'on chercherait

----

(1) Licencié en Théologie, Louis Roux avait pris possession de la paroisse le 21 septembre 1787.

(2) La paroisse de Vignory comparut à Chaumont par l'intermédiaire de Jacques Lecomte, maire, Nicolas Simonnet, contrôleur des actes, Claude Poignée, syndic municipal, et Jean Gallon, marchand (Arch. nat., Ba 32).

un écho de ces événements dans les registres de la
municipalité de Vignory. Sur la fin d'août seulement,
parvient l'instruction de l'Assemblée nationale concernant le rétablissement de l'ordre public et la levée
d'une milice nationale. Aussitôt la municipalité arrête
« d'une voix unanime », qu'il sera « levé et formé
parmi les habitants de notre ville, une milice nationale
formant un régiment composé d'un État-Major et de
deux compagnies de 24 et 28 hommes chacune, tous
domiciliés et en état de servir ; que l'État-Major sera
composé d'un major, de deux capitaines, deux lieute-
nants, un porte-drapeau, quatre sergents et quatre
caporaux ». Le 20, à l'issue des vêpres, en présence
des officiers municipaux, du lieutenant au bailliage de
Vignory, Claude Bon Lécollier, du procureur fiscal
au dit bailliage, Me Innocent Dubernard, on procède
aux nominations des soldats et des officiers, qui prêtent
serment tour à tour, d'après la formule suivante ;
pour les officiers : « Nous jurons de rester fidèles à la
Nation, au Roi et à la Loi, et de ne jamais employer
ceux qui seront sous nos ordres, contre les citoyens,
si nous n'en sommes requis par les officiers civils ou
les officiers municipaux » ; pour les soldats : « Nous
jurons de ne jamais abandonner nos drapeaux, d'être
fidèles à la Nation, au Roi et à la Loi, et de nous conformer aux règles de la discipline militaire ». En novembre, les officiers municipaux réunis extraordinairement
arrêtent que les habitants ne paieront plus à Mme la
Comtesse de Béthune, dame de la ville et du comté de
Vignory (1), le droit de feu de 5 sols et le droit de
glandée (2 sols) qu'elle prétendait encore percevoir,
malgré le décret de l'Assemblée nationale abolissant
les servitudes réelle et personnelle. C'est précisément
au moment même où les délibérations du conseil municipal semblent devoir présenter un intérêt plus vif

---

(1) Louise-Thérèse Crozat de Thiers, épouse séparée de biens du mar-
quis de Béthune, comtesse de Vignory, baronne de Sexfontaine.

que le volume se terminé, sans doute par suite de l'entrée en fonctions d'une municipalité nouvelle. A ce moment, un nouveau registre dut être ouvert, qui depuis a été détruit ou perdu. Celui que l'on conserve ne commence, on l'a vu, que trois ans plus tard, au mois de novembre 1794.

Tout de suite, l'on se rend compte, dès que l'on en feuillette les premières pages, que l'atmosphère générale n'est plus la même. A l'indifférence, à l'inertie des débuts de la Révolution a succédé une activité qui ne fut jamais égalée depuis dans une petite administration municipale. Pendant toute la durée de l'an III, les séances de la municipalité se succèdent sans interruption ; il y en a presque chaque jour, et souvent deux dans la même journée. C'est que la situation générale, bien que déjà fort améliorée par le succès des armes françaises, n'en demeure pas moins encore critique. La France, même après la victoire de Fleurus et l'invasion de la Hollande, ressemble à un immense camp entouré d'ennemis. Il faut faire front sur chaque face. A l'extrême gravité des circonstances, le gouvernement a répondu par des mesures exceptionnelles.

L'une de celles qui pèsent le plus lourdement sur les habitants des campagnes est assurément le droit de réquisition, qui fonctionne avec une rigueur extrême depuis 1793. Il s'agit de pourvoir à l'approvisionnement de Paris, à la subsistance des armées, au service des étapes et des hôpitaux militaires. Tout ce qui peut servir à nourrir, habiller ou armer les hommes est mis à la disposition du service public. Les contingents fixés par le Comité de salut public, le Ministère de la guerre, les représentants en mission, sont ensuite répartis entre les communes par les directoires de district, et pour savoir à quoi s'en tenir sur les ressources de chaque localité, on procède à de fréquents recensements de tous les produits agricoles et manufacturés.

C'est ainsi que, le 4 vendémiaire an III, la municipalité de Vignory s'occupe de dresser le tableau des grains et des fourrages réclamé par la Commission du commerce. Le 29, un arrêté du district charge l'agent national de Vignory de procéder dans tout le canton (1) au recensement des animaux, conformément à l'arrêté de la Commission d'agriculture et des arts du 13 du même mois. Le 30 brumaire, on choisit parmi les cultivateurs de la commune, un commissaire pour répondre à diverses demandes de renseignements émanées de l'agent national près du district de Chaumont ; le même jour, un autre commissaire est chargé du recensement des huiles de poisson, « tels que baleine, morue et harengs ». Le 9 frimaire, le district demande qu'on lui envoie le plus tôt possible une liste exacte des pommes de terre, sarrasin et légumes ; le 24, même statistique est exigée pour le chanvre existant dans la commune ; le 2 nivôse, pour les matières végétales propres à faire de l'huile. En ventôse, le représentant du peuple Pépin, en mission dans le département de la Haute-Marne, envoie deux commissaires, les citoyens Louviot fils et Génuy, de Chaumont, pour recenser à Vignory et à Bussières toute espèce de grains, froment, seigle, méteil, orge et avoine, existant chez les cultivateurs et les autres habitants ; deux membres du conseil général de la commune sont nommés pour accompagner les commissaires et faciliter leurs opérations. Le 7 prairial, un arrêté du district ordonne, en exécution de la loi du 2 précédent, un nouveau recensement des farines, graines battues et en gerbes, pailles et foins ; deux officiers municipaux, un des contribuables les plus imposés et deux journaliers choisis parmi les moins imposés de la commune doivent accompagner le commissaire étranger à la commune nommé par l'administration du district pour effectuer cette opération.

(1) Le canton de Vignory était alors moins étendu que maintenant ; il ne comprenait que les communes de Vignory, Froncles, Bussières, Vouécourt, Soncourt, Vraincourt, Viéville, Oudincourt et Ormoy.

Tous ces dénombrements annoncent et préparent les réquisitions qui leur succèdent. Au début de vendémiaire an III, la commune de Vignory est taxée pour quatre-vingt mille livres de foin, paille et avoine, que les habitants doivent conduire aux armées du Rhin et de la Moselle. La municipalité s'inquiète de répartir entre les citoyens la quantité de quintaux qu'ils doivent transporter, d'après le nombre de chevaux et de bestiaux que chacun possède. Nous voyons ainsi que quatro citoyens n'ont qu'un cheval ; cinq en ont deux ; six, trois ; trois ont deux chevaux et six bœufs ; un, trois chevaux et quatre bœufs ; deux, trois chevaux et six bœufs ; deux, quatre chevaux et quatre bœufs ; enfin il y en a un qui possède quatre chevaux et six bœufs. Le 6 vendémiaire, on décide de mettre en marche dans les vingt-quatre heures six voitures chargées de neuf mille de paille et de foin ; les citoyens requis sont désignés nominativement. Le 17, comme les réquisitions éprouvent des retards considérables, l'agent national provisoire de la commune, Joseph Bonnet, insiste pour que l'on y satisfasse sans délai (1) ; il donne lecture d'un arrêté du district daté du 23 fructidor qui « démontre les besoins de l'armée de la Moselle et que le moindre retard dans le versement des denrées requises en sa faveur compromettrait le salut de la patrie ». Cet arrêté porte que la commune de Vignory fournira quatre voitures à l'effet de conduire trois mille de foin et autant d'avoine, et ce pour le 21 vendémiaire. L'agent national requiert en conséquence la municipalité de faire partir, sans désemparer, le nombre suffisant de voitures et d'appliquer l'arrêté du Comité de salut public du 18 thermidor contre les voituriers contrevenants (2). On obtempère immédia-

(1) Le 13 vendémiaire, le district avait rejeté une pétition des cultivateurs de Vignory demandant qu'on leur accordât un sursis pour conduire les subsistances aux armées (Arch. de la Haute-Marne, L provisoire 120).

(2) L'arrêté du Comité de salut public, du 18 thermidor an II, autorisait les municipalités à s'emparer des chevaux et des harnais des pro-

tement à ces réquisitions. Le 25, quatre cultivateurs sont encore désignés pour conduire à l'armée 6,750 livres de foin et pareille charge d'avoine, mais, deux jours après, le district, trouvant que les opérations ne marchent pas assez vite, prend un arrêté enjoignant de compléter le contingent en grains et fourrages dans les trois décades, sous peine d'y être contraint par l'envoi de la force armée avec frais. Sur une nouvelle intervention de l'agent national, la municipalité décide qu'il partira de la commune, le 20 brumaire, mille six cents livres d'avoine et sept mille cents pesant de foin ; cinq citoyens sont commandés pour conduire les voitures, et les propriétaires de fourrages qui n'ont pas versé leur contingent reçoivent l'ordre de le préparer pour le 21 courant et de le conduire le même jour sur les greniers de la maison commune. Cette invitation étant demeurée sans effet, la municipalité arrête de nouveau, le 25 frimaire, que les propriétaires qui doivent encore du foin et de l'avoine aient à les fournir dans les trois jours. Quatre citoyens sont désignés pour partir le 29, afin de conduire à Metz les dites denrées. Cette expédition assurée, il restait encore à fournir neuf mille de foin et d'avoine ; le 29, le district ayant fait passer un arrêté pour hâter les derniers versements des communes, la municipalité de Vignory ordonne aux citoyens qui doivent encore du foin pour l'armée de le faire botteler et transporter aux halles le 2 nivôse ; ceux qui doivent de l'avoine devront la transporter à la maison commune le même jour, à 2 heures de l'après-midi.

Les représentants en mission ou les districts envoyaient souvent dans les communes des agents pour accélérer le départ des contingents. Le 4 nivôse, un commissaire nommé par le directoire de Chaumont,

priétaires récalcitrants ainsi qu'à nommer d'autres citoyens pour les remplacer dans leur service, à leurs frais naturellement. La municipalité de Vouécourt ayant dénoncé plusieurs voituriers qui refusaient de conduire des subsistances aux armées, le conseil général du district décida, le 28 frimaire an III, qu'il leur serait fait application de cet arrêté (Arch. de la Haute-Marne, L provisoire 130).

réunit le conseil général de Vignory. Cette fois, il s'agit de la contribution en blé, orge et seigle. Le village, taxé pour 67 quintaux, a fourni 47 quintaux et 5 livres. Mais la commune présentant le reçu de pareil montant de fournitures faites pour la nourriture des prisonniers de guerre, quittance lui est donnée pour le surplus. Restent, il est vrai, les contingents en foin et en avoine dont le solde se fait toujours désirer. Le 14 pluviôse, le district prend un nouvel arrêté enjoignant à la municipalité de Vignory de faire fournir par les cultivateurs et propriétaires de la commune dix voitures attelées pouvant porter quinze cents pesant : ces voitures chargeront, aussitôt la réception de cet avis, les contingents arriérés en foin et avoine redus par la commune et elles partiront de suite pour Metz, sur la lettre de voiture délivrée par la municipalité. L'arrêté du district étant parvenu le 23 à Vignory, le conseil général décide aussitôt que les voituriers partiront dans les deux jours et que les particuliers qui doivent encore foin et avoine les verseront dans les vingt-quatre heures sur les greniers de la commune. Mais la publication de ces arrêtés ne devait produire aucun effet; le 27, la municipalité constate que la plupart des particuliers n'y ont aucunement satisfait. Par là, dit-elle, ils cherchent à compromettre les autorités municipales. Une fois encore, on requiert les propriétaires d'avoir à verser leur contingent, sous peine d'être dénoncés dans les vingt-quatre heures à l'administration du district et traduits devant les tribunaux. Cette menace n'ayant pas eu plus de succès que les invitations précédentes, la question se pose de nouveau à la séance du 4 ventôse. L'agent national déclare : « Vous êtes pleinement assurés par les arrêtés du district et ceux des représentants du peuple près les armées du Rhin et de la Moselle, combien il est de votre responsabilité de faire partir le restant du contingent en foin et avoine dû par cette commune. Déjà vous avez fait plusieurs proclamations à cet effet et plusieurs citoyens ont été sourds à vos avertissements et n'y ont point fait droit. Je requiers donc pour la dernière fois que vous preniez de suite des mesures pour faire connaître à l'administration le zèle sincère que vous avez mis pour faire partir le susdit contingent. » En conséquence, la municipalité arrête que tous les propriétaires de grains et fourrages qui ont été déjà requis à diverses reprises le seront pour la dernière fois. Copie du présent arrêté et de ceux des 23 et 27 pluviôse sera dans les vingt-quatre heures envoyée à l'administration du district par un commissaire spécial, avec le nom de ceux qui ont refusé leur contingent ; on communiquera également le nom des voituriers récalcitrants. Au fond, si la municipalité s'inquiète ainsi de dégager sa responsabilité, c'est qu'elle sait bien que le surplus du contingent ne sera jamais acquitté, et cela non par mauvaise volonté des habitants, mais par impossibilité trop réelle de le faire. Le 26 ventôse, le district ayant fait connaître que la place de Chaumont se trouvait à la veille de manquer du fourrage nécessaire au service de la République, et qu'il était urgent de conduire aux magasins de cette place le surplus de ce que Vignory devait acquitter en vertu de l'arrêté du 26 thermidor an II, la municipalité peut bien enjoindre encore aux particuliers de satisfaire à cet ordre dans les vingt-quatre heures ; le 2 floréal, elle est obligée de répondre au district que la sommation n'a produit aucun effet, les cultivateurs étant complètement dépourvus de fourrages. Devant cette fin absolue de non-recevoir, le district n'insiste pas, mais deux jours après, il transmet un arrêté du Comité de salut public, enjoignant au conseil général de chaque commune de faire la levée du cinquième des grains, farines et légumes existant chez les particuliers. Cette nouvelle réquisition est destinée, partie aux armées, partie à l'approvisionnement de Paris, les municipalités ayant seulement le droit de disposer d'une faible portion en faveur des habitants qui seraient dans l'extrême besoin. Déjà, au mois de vendémiaire précédent, les propriétaires de cochons de la commune avaient eu à fournir cinq de ces précieux animaux ; en germinal, le district de Chaumont ayant été frappé par le Comité du commerce et des approvisionnements, d'une réquisition de 42.857 livres de miel, ce fut le tour des possesseurs de ruchers d'être mis à contribution. Mais l'excessive rigueur de l'hiver ayant été funeste aux abeilles, la municipalité répondit qu'aucun propriétaire n'était en état de fournir la moindre quantité de miel. Même réponse négative, en ce qui concerne la fabrication d'étoffes propres à l'habillement et au campement des troupes. La confection des bas est l'unique industrie de la commune ; mais toutes les laines ayant été réquisitionnées et les fabricants n'ayant pu s'en procurer, ils se trouvent, à leur grand regret, hors d'état de soumissionner pour l'instant (1).

Les communes ne doivent pas seulement fournir des vivres et des vêtements, mais aussi des moyens de transport. Nous avons vu que les services personnels des habitants étaient mis à contribution pour transporter à l'armée ou dans les magasins militaires les vivres et les fourrages nécessaires. En cas d'insuffisance de ses propres ressources, l'entrepreneur des étapes de Vignory (2) a le droit de requérir, par l'entremise de la municipalité, les chevaux et [les voitures des simples particuliers (3). Dans d'autres moments,

(1) Au mois de ventôse an II, un chapelier de Vignory, tenu de confectionner 50 chapeaux, se plaignit de n'avoir pas les matières nécessaires pour les fabriquer. Le district passa à l'ordre du jour sur cette question. (Arch. de la Haute-Marne, L provisoire 120, Registre des délibérations du district de Chaumont, 24 ventôse an II.)

(2) En l'espèce c'était une femme, la citoyenne Husson.

(3) L'arrêté du Comité de salut public du 17 ventôse an III relatif à l'approvisionnement des préposés à la subsistance des étapes, leur donnait un droit de préemption et de réquisition sur les grains et fourrages, en cas d'impossibilité de passer un marché de gré à gré. Pour éviter tout abus, le district de Chaumont soumit l'exercice de ce droit à la délivrance par les municipalités de certificats attestant que les entrepreneurs des étapes avaient tenté des démarches infructueuses pour se procurer les quantités de grains et fourrages assignées par le district. (Arch. de la Haute-Marne, L provisoire 131, Registre des délibérations du district de Chaumont, séance du 30 germinal an III).

c'est pour la fabrication du salpêtre que les voituriers sont c mmandés ; un atelier existe dans la commune, et pendant un certain temps un cultivateur doit faire trois voyages par jour pour charrier le bois nécessaire à son fonctionnement. Ceux qui n'obtempèrent pas aux réquisitions sont dénoncés à l'administration du district comme « ne voulant être d'aucune utilité pour la chose publique ». Mais il ne semble pas que l'on recoure fréquemment à ce moyen d'intimidation, car ces prestations sont assez facilement acquittées.

Il en va différemment au contraire de la fourniture des chevaux et des voitures destinées à assurer aux armées le service du train des équipages. La privation prolongée, souvent la perte définitive qui en résulte, constitue une gêne sérieuse pour les travaux de l'agriculture ; aussi chacun cherche-t-il à éviter ce dommage en le faisant retomber sur son voisin. Deux exemples seulement montreront à quelles difficultés se heurtait la mise en marche du moindre convoi.

A la fin de brumaire an III, le canton de Vignory devait encore fournir deux chevaux sur la quantité qui lui avait été assignée. Le 22, ces chevaux avaient été choisis parmi ceux de tout le canton assemblés à cet effet et leur départ s'était effectué tant bien que mal. Mais voici que quinze jours plus tard on apprend que l'un des chevaux a été refusé à Nancy par le commissaire inspecteur, comme incapable de faire son service, et qu'il faut pourvoir sans tarder à son remplacement (1). La municipalité de Vignory ordonne à la commune de Soncourt, qui, lors de la précédente levée n'avait pu se rendre au chef-lieu de canton, tous ses chevaux étant conduire du fourrage aux armées, d'envoyer à Vignory ceux qui sont de retour pour

_____

(1) Les chevaux valides étaient si peu nombreux qu'à la réception de cette nouvelle, la municipalité de Vignory s'adressa au district pour savoir dans quel canton, à défaut du sien, elle pourrait trouver un remplaçant Le district lui répondit de se tirer d'affaire comme elle pourrait. (Arch. de la Haute-Marne, L provisoire 130. Registre des délibérations du directoire du district de Chaumont, 4 frimaire an III).

le 6 frimaire. Sur ce, grande émotion parmi les cultivateurs de Soncourt ; plusieurs refusent d'obéir à la réquisition ; d'autres sont accusés par leurs voisins d'avoir voulu dissimuler les chevaux qu'ils possèdent en les faisant disparaître de leur écurie. La municipalité de Vignory fulmine ; elle menace sa voisine de la dénoncer à l'administration comme réfractaire aux lois, si tous les chevaux ne sont pas conduits immédiatement à Vignory. Grâce à son attitude énergique, le remplaçant qu'il s'agissait de choisir est désigné. Il part, mais la pauvre bête n'est pas plus tôt arrivée à Joinville qu'on découvre qu'elle « péche par la vue », et son conducteur d'occasion s'empresse de la ramener. Ce serait faire des frais inutiles, remarque l'agent national, que de l'envoyer à destination ; il importe de la remplacer au plus vite sous peine d'être immédiatement compromis. De nouveau l'on envoie une lettre circulaire aux communes du canton, leur enjoignant de se trouver le 10 au chef-lieu avec tous leurs chevaux, pour que l'on puisse choisir le meilleur. Le 10, tous les chevaux comparaissent, sauf celui qui avait été choisi précédemment. Aussitôt les soupçons de naître. Plusieurs particuliers suspectent la bonne foi du conducteur qui prétend avoir fait visiter le cheval à Joinville, mais n'a pu justifier d'aucun acte de renvoi ; ils demandent qu'on le visite à nouveau. A cela, le propriétaire répond que ce n'est pas possible, son cheval étant pour l'instant « en campagne. » Mais ordre est donné au commandant de la gendarmerie de se mettre à sa recherche et de le ramener. Le procès-verbal ne nous dit pas s'il fut heureux dans sa mission, ni si le cheval était réellement infirme. Toujours est-il que, le 10 frimaire, les choses paraissent être restées en l'état. Il n'est plus ensuite question de chevaux avant le 20. Ce jour-là, parvient une lettre de l'inspecteur de Nancy, demandant qu'il soit envoyé trois chevaux du canton pour en choisir un en remplacement de celui qui a été refusé. De nouveau, les communes sont convoquées pour le 24 ; pour entourer l'opération de toutes les garanties nécessaires, on s'adresse à un maréchal-expert de Joinville qui choisit lui-même les chevaux, dont la conduite est confiée ensuite à un cultivateur de Viéville, Jacques Michel, « personne connue par son patriotisme et instruite, de manière à pouvoir définir un compte exact de tous les chevaux et harnais fournis par le canton. » En même temps, les communes qui n'ont pas contribué aux frais du voyage des conducteurs, sont invitées à suivre l'exemple de leurs voisines, c'est-à-dire à verser une somme de 50 livres. Ce n'est pas sans peine qu'elles s'y décident. Plus d'un mois a donc été nécessaire pour réparer l'erreur commise au début par l'envoi d'un cheval défectueux.

A peine cette affaire était-elle liquidée qu'un arrêté des représentants Féraud, Neveu et Merlin de Thionville, en mission près de l'armée de la Moselle, frappait le département de la Haute-Marne d'une nouvelle réquisition de voitures et de chevaux. La répartition du contingent faite par l'administration du district imposait au canton de Vignory la fourniture de 2 voitures bien conditionnées et de 8 chevaux tout harnachés. La difficulté de se procurer des animaux capables de faire un service pénible était encore plus grande que précédemment (1). Ce fut à qui parmi les cultivateurs chercherait à se soustraire à cette nouvelle réquisition, et les multiples contestations qui s'élevèrent entre les propriétaires de chevaux jetèrent le désordre dans les réunions. Chevaux et chariots devaient être livrés pour le 11 nivôse ; le 13, le district ne voyant rien venir, rappelle son arrêté du 21 frimaire

---

(1) Le recensement effectué en prairial an X attribue au département de la Haute-Marne, 21.950 chevaux (cité par C. Bidault, *Les Chevaux de l'Armée sous la Révolution et l'Empire*, Paris-Nancy, in-8, 1909, p. 29). En 1892, d'après la *Statistique agricole* décennale, ce nombre était passé à 42.153.

précédent. La municipalité de Vignory menace les municipalités du canton qui soulèveraient le moindre retard de les dénoncer à l'administration, pour de là être traduites devant le tribunal criminel. Trop souvent répétée sans doute, cette menace n'effraie plus personne ; elle n'empêche pas en tout cas les propriétaires de faire évader de leurs écuries, une fois de plus, leurs meilleurs chevaux. Le 18, les délégués de toutes les municipalités du canton constatent que sur les treize que l'on avait d'abord prélevés en vue de faire un triage postérieur, deux seulement sont susceptibles d'être attelés. Comme il est de toute justice cependant que la réquisition rejaillisse sur tous les propriétaires de chevaux, on se décide à nommer trois commissaires qui parcourront les communes du canton, y choisiront les meilleurs chevaux et en prendront l'estimation. Le 22, les chevaux choisis par les commissaires sont amenés à Vignory. Pour éviter les fraudes dont les habitants de cette commune sont coutumiers, on leur a fait défense de s'absenter ce jour-là. Toutes ces mesures ont un plein succès : huit chevaux plus ou moins présentables (1) sont prélevés définitivement et les trois bourreliers de la commune sont aussitôt réquisitionnés pour les munir de colliers couverts de houppes, de brides, de couvertures et de traits. En attendant que ces harnais soient confectionnés, les chevaux sont mis en dépôt dans l'écurie du citoyen Petitjean Roger, aubergiste ; mais quelques jours après, on apprend que les pauvres bêtes sont « au plus mal ». Qantité de citoyens refusent de leur fournir de la paille, « chose absolument indispensable, vu le très peu de nourriture qu'on leur donne chaque jour. » La municipalité adresse une nouvelle

(1) Le 19 thermidor, le citoyen Collet, chef du premier convoi, rendant compte de sa mission au district, déclarait que sur les 52 chevaux qui le constituaient, 4 étaient morts au parc et 21 avaient dû être réformés. (Arch. de la Haute-Marne, L provisoire 131. Registre des délibérations du directoire du district de Chaumont.)

réquisition aux propriétaires provisoirement exemptés de fournir en paille le contingent destiné à l'armée, et de crainte que les huit chevaux n'attrapent la morve, maladie qui exerce ses ravages dans la commune (1), elle décide de les transférer sous les halles. Peu de temps après, tous les chevaux du district destinés à l'armée étaient concentrés à Chaumont, où leur rassemblement trop précipité occasionna de fortes dépenses qu'avec une meilleure organisation il eût été facile d'éviter (2).

En effet, si les attelages étaient prêts, il n'en était pas de même des voitures. La fourniture de celles-ci subit des retards considérables et il fallut les plus grands efforts pour triompher des difficultés de toutes sortes, impossibilités matérielles, fournitures défectueuses, inertie et mauvais vouloir de chacun, qui vinrent entraver cette réquisition. Dans le canton de Vignory, on avait tout d'abord traité avec un cultivateur de Soncourt qui s'était engagé à vendre deux chariots qu'il possédait, sur une estimation faite par deux membres de chaque municipalité. Déjà plusieurs citoyens s'étaient offerts pour les conduire au camp de Mayence, moyennant 150 livres d'indemnité (3), quand on découvre que l'un de ces véhicules ne satisfait pas aux conditions requises. Comme il est impossible de trouver mieux, on se résigne à en commander un au charron de Soncourt, Henrion, qui s'engage à le livrer dans le délai de quatre décades au prix de 915 livres. Entre temps, le premier chariot et les harnais soumis

(1) La dissémination des cas de morve en l'an II fut due au retrait des armées sur le territoire français, retraite qui s'accompagna de privations inimaginables. Les animaux malades envoyés dans les places de l'intérieur, semèrent, au cours de leurs étapes, les germes du mal dans les écuries d'auberges et les relais. L'intensité de l'épizootie inquiéta le Comité de salut public, et c'est alors que Chabert rédigea son *Instruction sur la Morve*. En l'an III, l'épidémie avait déjà diminué d'intensité (C. Bidault, *ouv. cité*, p. 131-134).

(2) Arch. de la Haute-Marne, L provisoire 131, séance du 13 floréal.

(3) D'après les registres de l'administration du district, on voit que les conducteurs de voitures étaient payés à raison de 3 livres par jour.

à l'inspection du district, ont été reconnus défectueux, de mauvaise qualité et manquant de pièces essentielles. Le district les a renvoyés au canton qui reçoit l'ordre d'en fournir d'autres le plus vite qu'il lui sera possible. Le 30 pluviôse, les délégués des neuf municipalités réunis au chef-lieu décident que chaque commune enverra à Chaumont un officier municipal pour passer les marchés nécessaires au remplacement du chariot et des harnais. L'adjudication a lieu le 2 ventôse, à 10 heures, à l'auberge de la Croix-Blanche. Mais le travail s'exécute avec une extrême lenteur. C'est en vain que, le 8 ventôse, Pépin prend un arrêté pour contraindre les municipalités à compléter leur contingent pour le 20 au plus tard. A son tour, le 26 ventôse, le district enjoint aux communes d'avoir à fournir dans les trois jours à Chaumont chariots et harnais ou, sinon, de justifier qu'elles ont fait toutes les diligences nécessaires (1). Le charron de Soncourt, Henrion, qui a soumissionné également pour la construction du second chariot, n'a pu encore en livrer qu'un seul au commencement de germinal. Le 16 du même mois, le district constatant qu'il reste dû encore 13 chariots et 52 harnais par les cantons de Chaumont, Andelot, Arc, Biesles, Bologne, Blaise, Juzennecourt, Nogent, Vignory et La Ferté, que, malgré ses réclamations, pas une des municipalités n'a daigné lui faire part des mesures prises, arrête qu'il sera procédé le 20, par devers lui, à l'adjudication des objets non confectionnés, et que les adjudicataires devront livrer les chariots pour le 30 courant, à peine de perdre le tiers du prix de leurs adjudications (2). Cette menace positive n'eut même pas le don d'émouvoir toutes les municipalités récalcitrantes. Sur les dix cantons retardataires, il y en eut cinq, ceux de Bologne, Blaise,

____

(1) Arch. de la Haute-Marne, L provisoire 131, Registre des délibérations du directoire du district de Chaumont, 26 ventôse an III.

(2) *Ibidem*, 16 germinal.

Andelot, La Ferté et Biesles qui ne donnèrent aucun signe de vie, si bien que, le 23 germinal, le district décida d'envoyer des commissaires dans les chefs-lieux de ces cantons pour constater si, oui ou non, quelque chose avait été fait (1). Mais, à Vignory, le chef-lieu fit montre de plus de zèle, et à la date fixée, le 20 germinal, un citoyen put se rendre à Chaumont, pour faire recevoir le dernier chariot avec les harnais (2). Il ne restait plus dès lors qu'à répartir entre les communes les frais de toutes sortes qui furent évalués à raison de 7 livres 10 sols par tête de bétail existant dans le canton ; ce ne fut pas sans peine qu'on obtint qu'elles s'acquittassent de leur dette et il fallut mettre la gendarmerie en mouvement pour venir à bout de la négligence de plusieurs à s'exécuter.

Nous touchons ici à l'une des causes qui expliquent le peu d'empressement que l'on mettait à satisfaire à ces réquisitions continuelles. Au dénuement trop réel des cultivateurs, venait se joindre la peur de ne pas être indemnisés de leurs avances. Le papier-monnaie n'inspirait qu'une médiocre confiance, et il n'arrivait que difficilement de la caisse du district. Journellement, des particuliers se plaignent à la municipalité de Vignory de ne pas être payés des fourrages, du blé,

---

(1) *Ibidem*, 23 germinal.

(2) Le manque d'attelages, par suite de la maladie d'un grand nombre de chevaux rassemblés au dépôt, l'impossibilité de trouver un adjudant chef de convoi, retardèrent jusqu'au 19 floréal le départ du second groupe, composé de sept chariots. Les six derniers ne purent être mis en marche que le 5 prairial, et encore le district avait dû recourir à des charretiers volontaires, les cantons de Bologne, Biesles, Blaise et La Ferté n'en ayant fourni aucun. La réquisition ne put donc être complètement satisfaite qu'avec un retard de cinq mois. Cependant, dès le 20 germinal, le directeur général des transports et convois militaires de l'armée du Rhin avait écrit au département de la Haute-Marne pour demander le remplacement de 120 voitures au camp de Kaiserslautern, et le district de Chaumont avait été frappé d'une nouvelle réquisition de 26 chariots. Mais il répondit que la première levée avait donné lieu à tant de difficultés qu'on ne pourrait en ce moment en exécuter une seconde sans dételer la plus grande partie des cultivateurs de l'arrondissement, et que d'ailleurs le délai de trois mois, temps pendant lequel les voitures étaient mises en réquisition, ne courant que du jour de leur rassemblement au chef-lieu, il n'y avait pas lieu encore de procéder à leur remplacement, puisqu'il n'avait réussi à faire partir que 13 voitures sur les 26 qu'il devait fournir (Arch. de la Haute-Marne, L provisoire 131, Registre des délibérations du directoire du district de Chaumont, 8 floréal an III).

do l'avoine qu'ils ont fournis. Ces retards leur portent le plus grand préjudice. Le 16 germinal, les réclamants sont au nombre de 18. A la fin, la patience les abandonne, et en messidor, un cultivateur traduit devant le juge de paix, le maire et les officiers municipaux, pour obtenir le paiement de onze quintaux d'avoine qu'il a livrés pour l'armée de la Moselle à la Saint-Martin précédente et dont il attend encore le règlement.

En plus des réquisitions qui pesaient d'une façon générale sur toutes les communes de la région, Vignory supporte des charges spéciales qui tiennent à sa situation de gîte d'étapes sur la grande route de Saint-Dizier à Chaumont. De là résulte pour cette localité l'obligation de pourvoir à la subsistance des détachements de troupes et aussi des prisonniers de guerre qui passent à intervalles plus ou moins rapprochés sur cette importante artère. Au début de l'an III, un détachement de prisonniers est même installé à demeure dans la commune. On a affecté à son logement l'église paroissiale, Saint-Etienne, devenue le temple de la Raison. Tous ceux qui connaissent l'église de Vignory peuvent facilement se faire une idée des souffrances qu'endurent ces malheureux, enfermés, au nombre d'une centaine, dans cette cave humide et malsaine. L'hiver est si rude que la municipalité n'ayant ni bois, ni argent pour s'en procurer, décide de couper trois tilleuls plantés sur la route devant la ci-devant chapelle Saint-Joachim, pour chauffer la maison commune où l'on ne peut tenir les séances en l'absence de feu ; et cependant, les prisonniers, vêtus de haillons pour la plupart, sont exposés à toutes les rigueurs de la saison. Leur santé ne tarde pas à s'en ressentir. L'un d'eux, plus gravement malade, est recueilli chez un habitant de l'endroit ; la citoyenne Husson, chargée de la fourniture des étapes et qui est seule dans le pays à posséder de la viande, consent à lui assurer sa ration en pain, vin et viande, dont le coût, d'après les instructions du district, ne doit pas dépasser 30 sols par jour. Sur la demande de la municipalité, le district s'occupe également de pourvoir les autres prisonniers d'un moyen quelconque de chauffage. Le 27 brumaire, il met dans ce but à la disposition de la commune « un fourneau de tôle » appartenant à l'hôpital de Chaumont. Deux citoyens sont immédiatement requis pour le chercher ; on les charge en même temps de rapporter de la ville, quarante paires de sabots et plus, s'il s'en trouve. Deux autres habitants charrieront le bois que le district accorde aux prisonniers et qui doit être pris dans les cordons de Vouécourt (plus tard on le paiera, à raison de 25 livres la corde, au propriétaire du dit bois). Les citoyens chargés de rapporter les sabots ne durent pas être heureux dans leur mission, car le 3 frimaire, la municipalité, constatant que les prisonniers sont nu-pieds, nomme deux commissaires pour réquisitionner les sabots chez les marchands de la localité ; s'il n'y en a pas, les sabotiers seront tenus d'en fabriquer, à raison de trois paires chacun par jour. Voilà donc les prisonniers chaussés. Mais le petit fourneau mis à leur disposition, s'il sert à faire cuire leur « potage », comme le dit naïvement le registre de la municipalité, n'est qu'un moyen bien illusoire de lutter contre le froid. Pour combattre celui-ci, les malheureux en sont réduits à brûler la paille mise à leur disposition, ce qui dégage une fumée épaisse qui rend irrespirable l'atmosphère de l'église. Et les prisonniers de se plaindre et le commandant du dépôt de recourir de nouveau à l'administration du district. L'agent national de Chaumont répond que les prisonniers de guerre ont droit aux fournitures habituelles du campement des troupes ; on ne saurait se passer de cheminées ; si l'on néglige cet objet important, la masse entière tombera malade. En conséquence, le 13 frimaire, la municipalité de Vignory arrête que des cheminées seront construites dans les deuxième et quatrième chapelles ; un devis estimatif sera dressé et copie de l'arrêté envoyée au district.

Trois jours après, la commune recevait la visite de l'interprète attaché aux dépôts des prisonniers de guerre. Le registre de la municipalité mentionne son passage en ces termes :

Cejourd'hui 16 frimaire l'an III républicain, moi Joseph Dubois-Collin nommé par le Conseil exécutif provisoire, interprète auprès des dépôts des prisonniers de guerre allemands établis dans les départements de la Côte-d'Or, Haute-Marne et Nièvre, me suis transporté au temple de la commune de Vignory à l'effet de visiter les prisonniers qui y sont en dépôt, où j'ai trouvé le lieu malsain, rempli de fumée et très froid. Cette fumée étant absolument contraire à la santé, j'autorise la municipalité de la commune de Vignory à établir dans le dit lieu deux ou trois cheminées dans les ci-devant chapelles le plus promptement possible.

Fait en la maison commune de Vignory, les jours et an ci-dessus.

DUBOIS-COLLIN.

En dépit de cette invitation à agir vite, la municipalité attend encore quatre jours avant de nommer l'entrepreneur de la construction des cheminées. On l'autorise, s'il ne trouve pas d'ouvriers volontaires, à en réquisitionner. Mais cette autorisation est de pure forme, car l'argent manque, et les travaux ne seront jamais commencés. Le 30 frimaire, l'agent national s'inquiète de nouveau des prisonniers ; c'est pour leur faire retirer de petites haches à main qui leur servent à fendre le bois et qu'ils pourraient à l'occasion, dit-il, tourner contre les personnes et les propriétés (1). Ce grave danger évité, il n'est plus question des prisonniers que neuf jours plus tard. La fumée, constate l'agent national, les incommode toujours vivement ; il y en a 27 de malades, et si on ne vient pas promptement à

____

(1) Antérieurement la municipalité de Vignory avait demandé que la garde nationale des communes voisines fut tenue de concourir à la garde des prisonniers de guerre. Le 4 frimaire an III, le Conseil général du district de Chaumont rejeta cette pétition, vu le trop grand éloignement des communes par rapport au chef-lieu du canton (Arch. de la Haute-Marne, L provisoire 130).

leur secours, tout le reste subira le même sort. Ne serait-il pas préférable, ajoute-t-il, de les faire sortir du temple pour les placer dans un des côtés de la halle, en la faisant clore ? Cette proposition mise en délibéré, la municipalité reconnaît que d'après le devis de l'architecte, les trois cheminées à construire dans l'église devraient avoir 26 pieds de haut ; il serait nécessaire de percer la voûte, ce qui entraînerait une dépense de 300 livres. Dans la halle, il ne faudrait que deux cheminées de 10 pieds de haut, et la clôture n'exigerait que 80 perches de 8 pieds. La proposition est donc adoptée ; mais elle ne semble pas avoir été du goût de l'administration, car dix jours plus tard, le 29 nivôse, la commune recevait l'ordre de faire partir les prisonniers pour Chaumont. La gendarmerie et dix gardes nationaux les escortèrent et deux voitures attelées de trois chevaux transportèrent pêle-mêle les matelas, les draps, les malades et les effets des officiers.

La municipalité se trouvait donc débarrassée de ces prisonniers qui lui avaient donné tant de souci, mais ce n'était pas pour bien longtemps. A partir de prairial, les convois de prisonniers et de déserteurs étrangers se succèdent presque journellement dans la commune. Ce sont pour la plupart des Hessois ou des Hollandais que l'on dirige du nord de la France vers le dépôt principal de Dijon. Les commissaires des guerres d'Amiens, de Soissons, de Saint-Dizier, le directeur des subsistances de Châlons préviennent la municipalité de leur passage ou de leur séjour. Parfois ils arrivent sans être annoncés et on éprouve les plus grandes difficultés pour assurer leur subsistance. Des incidents de diverse nature varient la monotonie de ces défilés perpétuels. Ces prisonniers se conduisent fort mal. Le 30 prairial, on en arrête un qui avait volé huit montres en argent et deux en or chez un horloger de Joinville. Tous commettent force rapines chez les particuliers où ils sont logés. Aussi, le conseil général de Vignory, pour mettre fin à ces abus, décide-t-il de les loger sous les halles ; une garde suffisante sera commandée pour les contenir pendant la nuit. Le secrétaire de la municipalité indiquera, par des billets remis aux citoyens, ceux d'entre eux qui seront chargés de leur faire la soupe et de préparer leurs aliments ; ce seront de préférence les habitants les plus aisés ou ceux que leurs travaux journaliers n'appellent point au dehors de la commune. Enfin, comme il est essentiel que les prisonniers soient traités avec l'humanité et les égards dus au malheur, tous les citoyens sont invités à porter de la paille sous les halles, chacun dans la mesure de ses moyens. Dans le cas où la population ne se conformerait pas à cette invitation, les prisonniers seraient de nouveau distribués dans les maisons.

Ces mesures sont mises à exécution le 20 prairial. Le lendemain, le procureur de la commune, en faisant l'appel des prisonniers prêts à repartir pour Chaumont, constate qu'il ne s'en trouve plus que 125, au lieu des 157 qui étaient arrivés la veille et que la municipalité avait confiés à la surveillance de 12 gardes, sous les ordres du citoyen Lecomte, commandant la garde nationale de la commune. Evidemment, cette surveillance n'avait pas dû être bien sérieuse, puisque 32 hommes avaient réussi à s'enfuir sans éveiller seulement l'attention. Cet exploit très peu glorieux aurait dû, semble-t-il, ranimer le zèle des citoyens soldats. Il n'en fut rien. Visiblement le service leur est à charge. Un jour, l'un d'eux se refuse formellement à monter la garde. Aussitôt la municipalité décide de le dénoncer au district et pour combattre l'effet du mauvais exemple, elle le condamne provisoirement à loger dix prisonniers dont il devra rendre compte au moment de leur départ. De son côté, la population ne mettait pas plus d'empressement à fournir la paille qu'on lui avait demandée. Au lieu de porter secours aux prisonniers, les habitants de Vignory ne cherchent qu'à tirer profit de leur passage. Le 30 prairial, le corps municipal fait publier une proclamation défendant sous les peines portées par la loi d'acheter des prisonniers aucun effet quelconque. « Cette conduite est contraire à l'humanité qui demande que, bien loin de dépouiller les étrangers, on pourvoie par charité à leur premier besoin lorsque l'occasion s'en présente et qu'on le peut par son moyen. » La gendarmerie est requise de dresser procès-verbal et les citoyens invités à dénoncer les coupables. Quatre jours après, le procureur et l'étapière se plaignent de l'infidélité des particuliers qui, chargés de la préparation des aliments pour les prisonniers, ont l'impudence non-seulement de changer le pain qui leur est distribué à l'étape et d'y substituer du pain d'avoine, mais encore de leur en rendre une quantité moindre que celle qu'ils ont reçue et que la loi leur accorde. Le corps municipal, « considérant que cet abus de confiance porte le caractère de la plus insigne mauvaise foi, de la bassesse la plus crapuleuse et la plus répréhensible, que c'est un vol manifeste commis à l'égard des hommes les plus malheureux et les plus infortunés », décide que deux membres du conseil assisteront à la distribution du potage aux prisonniers ; ils seront tenus de vérifier la qualité et la quantité des aliments donnés, et en cas de fraude, de saisir l'objet du délit et de reconnaître les coupables pour en faire rapport à la municipalité. Les commissaires seront renouvelés à chaque nouveau convoi de prisonniers.

Si beaucoup d'habitants de Vignory se livraient à ces pratiques certainement blâmables, on peut leur trouver une excuse dans ce fait qu'ils n'étaient guère moins à plaindre que les prisonniers de passage dans la commune. On sait quelle forme aiguë revêtit le problème des subsistances à certains moments de la Révolution. En l'an III, l'application des lois du maximum, la dépréciation des assignats, l'agiotage avaient produit une raréfaction des denrées qui se fit cruellement sentir aux classes les moins fortunées de la nation. C'est au cri de : « La Constitution de 1793 et du pain ! » que le peuple de Paris descendait dans la rue et envahissait la Convention. Dans les campagnes, les difficultés d'approvisionnement ne sont pas moindres que dans les villes. A Vignory, qui est le siège d'un marché antérieur à la Révolution, les cultivateurs des communes voisines en ont depuis longtemps désappris le chemin. On n'y vend ni grain, ni denrées. La municipalité s'inquiète de cet état de choses et s'efforce de prévenir les conséquences funestes qu'il peut avoir, en avertissant les communes qui composent l'arrondissement du marché de la quantité de subsistances qu'elles doivent fournir.

« Pour le marché du 24 vendémiaire, la commune d'Ambonville fournira la quantité de 10 quintaux de blé ; celle de Soncourt, 7 ; celle de Provenchères, 4 ; Villiers-sur-Marne, 6. — Pour le marché du 1ᵉʳ brumaire prochain, La Genevroye, 4 quintaux ; Mirbel, 8 ; Marbéville, 10 ; Blaise, 5. — Pour celui du 8 brumaire, Guindrecourt, 5 ; Daillancourt, 8 ; Rizaucourt, 5 ; Cérizières, 4 ; Bussières, 2 ; Froncles, 3. »

Cet arrêté notifié par la gendarmerie n'ayant pas eu le résultat désiré, la municipalité de Vignory s'adresse au district dans le but d'obtenir une réquisition de blé et d'avoine pour l'approvisionnement du marché du 15 brumaire (1). Le 13, le directoire prend un arrêté portant que les communes suivantes seront tenues de conduire à Vignory pour le 15 :

	Blé et Seigle		Avoine	
Cérizières	20	quintaux	8	quintaux
Froncles	10	—	2	—
Provenchères	20	—	8	—
Villiers sur-Marne	20	—	8	—
Froideau.........	12	—	6	—

(1) Le 1ᵉʳ pluviôse an II, le district avait déjà pris un arrêté pour l'approvisionnement du marché de Vignory (Arch. de la Haute-Marne, L provisoire 129). Dans cet arrêté, la population de Vignory est évaluée à 1630 habitants, chiffre considérablement grossi, même en tenant compte de la présence dans cette commune d'un dépôt de prisonniers de guerre.

Ambonville......	20 quintaux	10 quintaux
Daillancourt.....	8 —	2 —
Rizaucourt......	8 —	2 —
Guindrecourt....	8 —	2 —
Blaise	8 —	2 —
Marbéville......	8 —	2 —
Mirbel.........	6 —	2 —

Les municipalités surveilleront le départ de ces quantités, à peine d'être responsables des retards de la réquisition. Notification de l'arrêté leur est faite aussitôt.

Ces prescriptions furent-elles obéies ? On peut certifier qu'il n'en fut rien, puisque, le 21 brumaire, le district enjoignait aux communes d'obtempérer à son arrêté du 13 précédent (1). Mais ce fut encore en pure perte. Le marché étant toujours dégarni de denrées, le 6 nivôse, le conseil général de Vignory s'adressait en ces termes à l'administration du district :

Citoyens,

En voyant encore la présente, vous direz sans doute que la commune de Vignory est fatigante : oui, elle l'est. Mais c'est bien malgré elle, elle sait qu'elle vous fera cruellement souffrir en vous mettant sous les yeux la position ou plutôt l'état désolant où sont nos concitoyens. Plus des trois quarts aujourd'hui sont sans pain : ils sont livrés aux besoins dévorants de la faim dans leurs foyers et dans les rues on n'entend que leurs plaintes et les pleurs des enfants. Ce triste récit marqué du sceau de la vérité nous coûte beaucoup à vous faire, mais nous trahirions notre devoir si dans cette circonstance nous gardions un coupable silence. Entièrement confiants dans votre humanité et vos ressources étendues, nous attendons que vous voudrez bien nous tendre votre main secourable, faire cesser et nos craintes et le besoin de tant de malheureux concitoyens pour lesquels nous vous implorons.

(1) Un certain nombre de communes Cérizières et Froideau, Villiers, Provenchères ayant prétendu qu'elles ne devaient pas faire partie du marché de Vignory, parce qu'elles étaient situées dans le district de Joinville, l'administration de Chaumont décida de surseoir à leur égard, jusqu'à ce que ce point litigieux eût été tranché (Arch de la Hte-Marne, L provisoire 120, Registre des délibérations du directoire du district de Chaumont, 21 brumaire an III). La loi du 18 vendémiaire an II avait cependant maintenu dans leur arrondissement les marchés antérieurs à 1789. Le 16 nivôse an III, une loi spéciale de la Convention autorisa les districts à exercer leurs réquisitions pour l'approvisionnement des marchés sur toutes les communes de l'arrondissement du marché, même si elles faisaient partie d'un district voisin.

En dépeignant la situation sous d'aussi sombres couleurs, la municipalité n'exagérait pas. Déjà plusieurs indigents, alités par la vieillesse ou la maladie, se trouvaient manquer complètement de subsistance. Le 9 nivôse, la municipalité arrête qu'une quête sera faite en leur faveur. Le lendemain, parvient une réponse favorable du district qui, en considération de la nombreuse population de Vignory et du refus formel opposé par plusieurs municipalités de fournir leur contingent pour l'approvisionnement du marché (1), autorise l'emploi de la force armée pour assurer les réquisitions en blé et avoine. Un détachement de la garde nationale, accompagné de commissaires, se transportera dans les communes de l'arrondissement du marché pour exiger les contingents arriérés ou nouvellement accordés. Le conseil général de Vignory, consulté sur l'importance de ceux-ci, estime que pour nourrir la population de la commune pendant deux mois, 540 quintaux de blé sont nécessaires, attendu qu'il y a pour l'instant plus de 600 individus manquant absolument de pain et complètement dénués de ressources. Cette évaluation est envoyée à l'administration.

Ces mesures de coercition procurent un peu de seigle et d'avoine, sur lequel on vit pendant quelque temps. Mais à mesure que l'hiver avance, la pénurie devient plus complète. Le 18 pluviôse, le conseil général s'assemble de nouveau en présence de nombreux habitants du village. Cette fois, sans négliger de s'adresser au district, la municipalité recourt aussi à

(1) Plusieurs de ces communes étaient aussi dépourvues que Vignory. Le 3 germinal an II, le district avait autorisé Bussières à se procurer par réquisition et au prix du maximum 30 quintaux de blé sur la commune d'Harricourt. Le 25 fructidor, Froncles obtient la même autorisation pour 20 quintaux de grains à prendre à Chantraines et à Blancheville, communes où il y avait, d'après les recensements, excédent de subsistances par rapport à la population. Le 12 ventôse, Bussières est autorisé de nouveau à se procurer 30 bichets de blé (Arch. de la Haute-Marne, L provisoire 120). Les ouvriers attachés aux forges de Froncles avaient droit d'ailleurs à une ration journalière, pour laquelle fonctionnait aussi, si besoin en était, la réquisition.

d'autres moyens. Elle ne va pas jusqu'au socialisme, à la mise en commun des subsistances qui peuvent exister dans le village ; mais elle organise une espèce de coopérative pour l'acquisition des choses nécessaires à la vie. A l'unanimité, on convient que chaque individu fera une avance proportionnelle à ses facultés. Ces fonds seront déposés entre les mains de la municipalité qui en rendra compte et ils serviront à l'achat de blé, de seigle et d'orge. Quatre commissaires revêtus de pouvoirs illimités quant aux prix sont chargés de cette mission ; ils recevront 12 livres chacun pour leurs frais. Les grains acquis seront déposés à la maison commune pour être délivrés par un bureau spécialement nommé pour cela. Au prix d'achat seront ajoutées les dépenses des commissaires et celles du transport. Si les démarches des commissaires sont infructueuses, les frais de leur voyage seront payés sur les biens communaux et la dépense réputée dette communale. Les commissaires rendront compte de leur mission dans les huit jours à la municipalité.

En effet, huit jours plus tard, la municipalité était prévenue que ses délégués avaient réussi à acheter des grains à La Genevroye et à Mirbel. Il n'était que temps, plusieurs habitants se trouvant privés de pain depuis vingt-quatre heures. A son tour, le district répond, le 29, qu'ayant pris en considération les représentations de la commune concernant l'état de son marché, il se prépare à envoyer la force armée contre les municipalités récalcitrantes ; seulement, cette force devant être dirigée par des commissaires, il demande qu'on lui fasse connaître les personnes capables de remplir cette place et le nombre de gardes nécessaires pour que l'administration puisse donner des ordres au commandant de la garde nationale. La municipalité répond qu'il faudra quatre brigades de 12 hommes, à la tête desquelles marchera un commissaire.

Cette force fut-elle mise en mouvement par la suite ? Rien dans les registres de la municipalité ne permet de le certifier ; en tout cas elle n'atteignit pas le but qu'on se proposait. De nouveau, les vivres ne tardent pas à manquer. Le 7 ventôse, l'agent national déclare que plus de huit cents citoyens et citoyennes manquent de la première nourriture ; il faut se décider à prendre l'un des derniers moyens qui puissent être favorables. Le citoyen Pépin, représentant du peuple, vient d'arriver dans le département pour s'occuper des subsistances militaires ; « il peut nous tendre une main secourable ». Le conseil général décide donc que l'agent national Bonnet et un autre citoyen, Berthot, connu par son patriotisme, se rendront le lendemain à Chaumont, avec cette pétition qu'ils appuieront de tout leur pouvoir :

La commune de Vignory, district de Chaumont, département de la Haute-Marne, au citoyen Pépin, représentant du peuple, envoyé en mission au département de la Haute-Marne :

Citoyen représentant,

Nous saisissons avec empressement l'occasion de te mettre sous les yeux la position cruelle où la disette absolue de grains nous réduit ; nous nous adressons à toi dans notre détresse avec la confiance que tu nous tendras une main secourable.

La population de cette commune s'élève à 866 individus, et dans ce nombre il y en a 50) qui manquent absolument ; dans le plus, les uns ont pour huit jours, quinze jours et les autres peut-être pour deux décades, et il est certain que le plus riche propriétaire n'en a pas pour trois mois, et quand tous les grains et farines qui sont actuellement en notre commune seraient également répartis entre toutes ces bouches, elles ne s'en nourriraient pas pendant quinze jours et, ce temps expiré, la seule perspective que nous ayons (qu'y a-t-il de plus effrayant ?) c'est la famine ; et quelles sont les suites de la famine ? Cette idée fait frémir.

Nous avons dit que nous n'avions des subsistances que pour quinze jours. Nous avons porté ce temps un peu trop loin, si nous observons qu'il ne se passe pas de jour qu'il n'arrive à Vignory quinze volontaires qui se rendent à leur corps et à qui il faut donner du pain, et dorénavant ce nombre de passants sera double ou triple.

Les deux délégués chargés de remettre cette pétition revinrent du chef-lieu, rapportant une nouvelle intéressante. Le Comité des approvisionnements, approuvé par le Comité de salut public venait, le 21 pluviôse, de consentir au district de Chaumont une avance de

150.000 livres, dont le montant devait être employé en achat de grains pour la nourriture des habitants. La répartition, effectuée par un arrêté du district du 8 ventôse, entre les communes qui en avaient le plus besoin, attribua à Vignory la somme de 11.050 livres. La municipalité dut prendre l'engagement écrit de rembourser au district avant le 15 fructidor cette somme reçue à titre d'avance et un officier municipal se rendit sans tarder à Chaumont pour en prendre possession.

Le 10 ventôse, le conseil de la commune nommait de nouveau quatre commissaires, « reconnus par leur patriotisme et leur zèle ardent à soulager leurs concitoyens », pour se transporter dans les cantons qui leur sembleraient les plus propices, pour y acheter des grains, avec tout pouvoir de mettre les prix convenables ; ils ne pourraient s'absenter plus de huit jours sans donner avis de leurs opérations. Leurs frais de voyage seraient payés selon l'évaluation qu'ils en feraient, « étant reconnus d'avoir la plus grande probité ».

Dès le lendemain, les commissaires réussirent à acheter à Villiers-sur-Marne six boisseaux d'orge et de blé. Cela arrivait fort à point, car le même jour, la municipalité était avertie que neuf ménages n'avaient pas mangé depuis vingt-quatre heures. La tournée des commissaires, commencée sous d'aussi heureux auspices, ne devait cependant pas aboutir à des résultats très favorables. En rentrant le 21 ventôse, ils faisaient connaître qu'ils avaient bien trouvé des grains, mais que le prix exorbitant qu'on en exigeait ne leur avait pas permis de remplir les vues bienfaisantes de la municipalité. Ne sachant à quoi se résoudre, celle-ci se décide à convoquer l'assemblée générale des habitants, afin de traiter la question en présence des commissaires. Le soir, l'assemblée se réunit. D'un accord unanime, on arrête que quatre autres commissaires iront chez les particuliers pour y percevoir les sommes que chacun voudra avancer à titre de prêt à la commune. Cet argent, joint aux 11.050 livres du district, servira à l'achat de subsistances pour la communauté. Le citoyen Trippier se transportera à Sommevoire pour y acquérir les grains que les précédents commissaires y ont découvert. Enfin tous les citoyens de la commune se reconnaissent solidaires les uns des autres pour le cautionnement des sommes qui sont avancées.

Le lendemain, le citoyen Trippier se mettait en route ; mais on avait laissé échapper l'occasion favorable. Quand il arriva à Sommevoire, une partie du blé avait été conduite à Joinville, l'autre versée aux indigents de la commune. « Notre embarras, citoyens collègues, disait l'agent national de Vignory en apprenant cette nouvelle, est trop grand pour ne pas continuer à donner nos soins et à faire tous nos efforts pour pourvoir aux besoins de nos frères. Sans désemparer, veuillez, je vous en supplie, d'un commun accord, voir le parti le plus prudent à employer pour empêcher toute insurrection. La faim, dit un proverbe, occasionne beaucoup de maux. Depuis cinq mois, vous n'avez cessé d'employer votre temps aux subsistances de nos voisins. Il faut nous faire connaître jusqu'à la fin et prouver au public combien nous aimons à remplir un devoir aussi sacré que celui qui nous est confié. » Sur quoi, le conseil général se décide, en désespoir de cause, à nommer de nouveaux commissaires avec pouvoirs illimités pour faire tous achats de grains. Seulement l'agent national remarque qu'en dépit de leurs talents, de leur zèle et de leur dévouement au bien public, ces commissaires ne réussiront peut-être pas mieux que les précédents. Comme il importe au plus haut point d'empêcher que la population ne se soulève, ne pourrait-on pas recourir au moyen suivant ? En annonçant aux habitants que toutes les démarches tentées pour les secourir sont restées vaines jusqu'à présent, on les préviendra en même temps que ceux qui manquent d'argent peuvent venir en chercher à la maison commune. Une partie de la somme destinée à l'achat de grains sera mise à leur disposition, à titre de prêt, pour qu'ils puissent se procurer la nourriture qui leur est nécessaire. Les emprunteurs devront naturellement fournir caution solvable et ils recevront en retour un mandat, munis duquel ils n'auront qu'à se présenter chez l'officier municipal nommé dépositaire des fonds.

Immédiatement, la municipalité faisait publier et afficher cet arrêté, mais la vérité nous force à dire que ce fut sans aucun succès. Sans doute, l'obligation de fournir caution empêcha-t-elle les indigents de recourir à ce moyen ; en tout cas personne ne se présenta. Le soir même, la municipalité faisait savoir « qu'ayant fait tout ce qui dépendait d'elle pour mettre les particuliers à même de s'approvisionner, elle ne s'occuperait plus de cet objet et que chacun serait renvoyé à se pourvoir par la voie du commerce ouverte à tous les individus ». Les démarches des quatre commissaires n'avaient abouti qu'à se procurer un bichet de blé et un bichet d'orge qui furent payés 82 livres au citoyen Pernot, des Ermites. Mais, contrairement à ce que l'on craignait, les délégués nommés le 24 ventôse devaient avoir plus de chance. Le 7 germinal, ils remirent seulement au trésorier 480 livres sur les 10.000 livres qu'ils avaient touchées au départ, le surplus ayant été employé en achats de denrées, frais de transport et dépenses personnelles. La commune se trouvait dès lors approvisionnée pour quelque temps. En ce printemps de l'année 1795, le plus fort de la crise est évidemment passé. Cependant, quatre mois devant s'écouler encore avant la prochaine récolte, le corps municipal se montre soucieux d'user d'une sage économie dans la distribution des grains. Quand, le 2 prairial, le citoyen Viardot, cultivateur à Charmoy, livre sur les greniers de la commune les 25 quintaux d'orge qu'on lui avait achetés au prix de 145 livres le quintal, le conseil général de la commune arrête qu'une distribution faite au hasard ne remplirait pas le but proposé qui est le soulagement des plus pauvres jusqu'à la moisson prochaine. Lors de la livraison, il ne faut donc pas donner aux particuliers toute la quantité qu'ils demandent. Le grain ne sera distribué que par décade. Chaque chef de famille manquant de pain recevra à chaque décade deux pintes et demie d'orge par bouche à nourrir. L'orge sera payé comptant par tous ceux qui en viendront prendre, à raison de 3 livres la pinte, prix qu'il coûte rendu ici. Deux officiers municipaux sont nommés commissaires pour la distribution, et il leur est défendu de recevoir les assignats de 5 livres à face royale démonétisés.

Le 5 prairial, la distribution commençait au grenier public (on avait d'abord songé à la reculer jusqu'au 10, mais cette mesure fut mal vue de la population), après une visite domiciliaire chez les particuliers effectuée à 5 heures du matin. Il y a d'ailleurs de fortes raisons de croire que la commune n'était pas aussi dépourvue de subsistances que les événements antérieurs pourraient le faire supposer. Peut-être n'était-il pas besoin d'aller jusqu'à l'autre bout du département pour se procurer le grain nécessaire à la nourriture des habitants ? Ce qui avait fait le vide sur les marchés, c'était la loi du maximum. Mais depuis que la liberté des transactions est rétablie (1), le blé sort par miracle des cachettes où on le tenait dissimulé. Le 7 prairial, vers 10 heures, la commune de Vignory fut agitée par une de ces scènes tumultueuses qui se renouvelèrent fréquemment pendant la Révolution. Un rassemblement s'était formé devant la maison du citoyen Callixte Volland. Il s'agissait d'empêcher le départ d'un chariot chargé d'avoine que le dit Volland avait vendu au citoyen Bourdille, de Prangey. Bourdille prétendait faire sortir ce chariot et l'emmener comme étant sa propriété. La foule s'opposait à ce départ. Devant son attitude

(1) Le maximum fut supprimé par la loi du 4 nivôse an III.

menaçante, l'acquéreur dut requérir la municipalité de protéger la sortie de son grain. Le corps municipal, réuni d'urgence, arrêtait, conformément à la loi du 4 nivôse sur la circulation des grains :

1° Qu'il serait écrit à l'instant au citoyen Drouot, commandant la brigade de gendarmerie de cette commune, à l'effet de se transporter sur-le-champ à la maison commune avec sa brigade pour prêter main forte à la municipalité et assurer l'exécution des lois ;

2° Que le conseil municipal, décoré des marques qui le distinguent, se transporterait, accompagné de la gendarmerie, devant la maison du citoyen Callixte Volland, y ferait la lecture de la loi sur la libre circulation des grains (1) et inviterait les citoyens à se disperser et à laisser partir le convoi, que faute par les citoyens qui composent ce rassemblement de se dissiper à la voix des magistrats du peuple, il en serait dressé procès-verbal pour être statué ce qu'il appartiendra.

L'affaire ne semble pas avoir eu de suites sérieuses, mais les habitants de Vignory prenaient leur revanche le lendemain en forçant, dans leur propre commune, le nommé François Poignée à leur vendre 119 1/2 bichets d'avoine, mesure de Vignory, moyennant 40 livres le bichet, soit 4.780 livres que le trésorier de la commune dut lui payer. Deux jours après, le dit Poignée réclamait la résiliation du marché, prétendant qu'il ne l'avait passé que sous l'empire de la contrainte. Le président de l'assemblée municipale demanda aux citoyens et citoyennes qui remplissaient la salle des séances (car c'était le jour du paiement des contributions) s'ils consentaient à la résiliation ; tous s'y refusèrent énergiquement, alléguant que Poignée avait consenti à mesurer l'avoine sans faire la moindre réclamation, quoiqu'à ce moment la multitude se fut retirée. La municipalité décida donc que le marché était valable et trois commissaires furent chargés de porter à Poignée le prix qui avait été convenu. Mais le procès-verbal ajoute qu'ils ne purent remplir leur mission, sa femme ayant refusé de les recevoir.

____

(1) La loi du 4 nivôse, art. 9, autorisait cette libre circulation, sauf dans les deux lieues frontières où elle ne pouvait avoir lieu que moyennant la délivrance d'un acquit-à-caution.

En somme, la situation à cette époque s'était grandement améliorée et d'autant plus que des secours en argent, auxquels on ne peut reprocher que d'avoir été trop tardifs, permettaient alors aux indigents de se procurer les grains qui leur étaient nécessaires. Dès le 2 germinal, l'agent national de Vignory avait réclamé l'application des lois de la Convention accordant des secours aux citoyens pauvres incapables de travailler et mettant à la disposition de la Commission des secours publics une somme de 10 millions, pour être répartis entre tous les départements de la République :

L'humanité en vous reconnue jusqu'ici à l'égard de vos frères, dit-il, me met dans la persuasion combien comme moi vous souffrez de ce que des lois édictées par cette humanité ne sont pas mises dans toute leur exécution, alors qu'elles sont imprimées dans nos cœurs. Ne nous quittons donc pas, chers collègues, sans prendre des moyens pour voler au secours des malheureux en rappelant aux autorités constituées un devoir qui doit être le premier, le plus sacré. Pourrions-nous oublier un seul moment la malheureuse position où se trouvent quantité de nos concitoyens, dépourvus de tout, ne possédant pas le moyen de se procurer le moindre soulagement? Nos cœurs pourraient-ils s'endurcir aux cris de l'infortuné? Non, je le jure, nous sommes Français; nous ne nous dépouillerons jamais d'un caractère qui nous a toujours portés à secourir nos voisins.

Pour parvenir à une dette aussi intéressante, je requiers donc le conseil général :

1° De faire de nouveau lecture des lois qui intéressent l'humanité et d'en prendre une entière connaissance;

2° De dresser un tableau exact de tous les indigents de cette commune, c'est-à-dire de ceux qui par leur âge ne peuvent travailler pour subvenir à leurs premiers besoins. Lequel tableau sera envoyé aux autorités constituées en y joignant une pétition du conseil général qui démontrera la malheureuse position de nos frères, leur faisant connaître combien il est de la plus grande urgence de mettre toutes ces lois bienfaisantes à exécution.

Trois jours après, le tableau était publié et affiché dans la commune. Les vieillards, femmes et enfants indigents qui y étaient portés touchèrent pour la première fois un secours en thermidor suivant; il était de 5 livres 8 sols par tête, soit au total 265 livres 10 sols. Le 3 messidor, pareille somme fut mise de nouveau par le district à la disposition de la commune de Vignory. Depuis longtemps, des secours semblables étaient distribués périodiquement aux pères et mères des défenseurs de la patrie. Ajoutons que si l'administration ne s'inquiétait pas beaucoup de la nourriture des populations, elle avait souci de leur propreté : le 11 floréal, le canton de Vignory était avisé que le district mettait à sa disposition 102 livres de savon (1) ; la municipalité devait le faire prendre à Chaumont dans les huit jours de la réception de l'arrêté. Mais il faut croire que le besoin de ce produit ne se faisait pas grandement sentir, puisque le commissaire chargé d'aller le quérir ne s'était point encore acquitté de sa mission au mois de vendémiaire suivant (2).

C'est un fait bien connu, que les périodes de troubles politiques s'accompagnent d'une recrudescence de crimes et délits de droit commun. Les personnes et les propriétés sont en but à des attaques d'autant plus fréquentes que les auteurs de ces méfaits sont, par suite du relâchement de la surveillance, mieu assurés de l'impunité. Sous la Révolution, cette impunité était en quelque sorte favorisée par la Constit tion même de 1791. On sait que celle-ci remettait la police entre les mains des municipalités. Mais les droits qu'elles possédaient à cet égard, les municipalités, inertes et ignorantes d'abord, puis surchargées de besogne lorsqu'elles devinrent les agents directs du pouvoir central dans les départements, les avaient laissé péricliter. Plus de gardes champêtres dans les communes ou bien des gardes négligeant leur service ; point d'agents préposés à la surveillance des bois. La gendarmerie, assaillie d'ordres de toute espèce, réclamée à chaque instant de côté et d'autre pour faire exé-

---

(1) Cette quantité faisait partie d'un convoi de 40 caisses que le département de la Haute-Marne répartit entre les districts par arrêté du 23 ventôse. Le district de Chaumont eut 10 caisses, soit 1 616 livres pour sa part. L'intérêt que le gouvernement portait au savon s'explique très bien, si l'on se rappelle que l'insurrection du 2 février 1793 à Paris fut en partie déterminée par le prix trop élevé de cet article.

(2) Les parties prenantes devaient d'ailleurs acquitter le prix du savon entre les mains du secrétaire du district, à raison de 12 francs la livre, sous déduction des 10 0/0 du bénéfice réservé au détaillant (Arch. de la Haute-Marne. L provisoire 131. Registre des délibérations du district de Chaumont, séance du 4 floréal an III).

cuter les réquisitions (1), n'a plus le temps de veiller au maintien de l'ordre, et il faut s'étonner d'autant moins du nombre de vols, de rapines et de déprédations commises, qu'une partie de la population est en proie à la misère la plus grande et connaît les souffrances de la faim. Un jour, c'est un sac de blé que l'on soustrait sur une voiture destinée à l'armée, de passage dans la commune de Vignory. Le coupable, bien vite découvert, est condamné par le tribunal criminel de la Haute-Marne à quatre ans de détention et à l'exposition pendant deux heures sur la place publique. Mais pour un larcin qui est châtié, combien d'autres qui se commettent de nuit dans les propriétés et dont les auteurs ne sont jamais inquiétés. Le plus clair résultat de la loi du 6 octobre 1791, donnant à chacun la faculté de former un troupeau séparé, a été la dévastation des propriétés par le bétail confié à des enfants en bas-âge ou laissé dans les champs à l'abandon. La municipalité finit par se préoccuper de ces dégâts. Le 28 germinal, elle fait publier et afficher une proclamation de l'agent national ainsi conçue :

Citoyens frères,

Un devoir sacré et essentiel et que doit remplir tout vrai citoyen est de veiller à la conservation des propriétés. La loi à cet égard est précise, elle doit donc être mise en vigueur et exécutée sur tous les points.

Depuis un long temps, dans cette commune, la police a été moins suivie que dans le plus petit des hameaux. Je me croirais donc le premier coupable si je ne m'efforçais de réprimer l'inconscience qui, malheureusement, se fait quelquefois connaître de la part de ceux qui n'ayant aucun héritage, voient de sang-froid ravager les propriétés de leurs voisins.

Il est bon cependant de leur rappeler qu'ils sont tous participant des fruits de toutes récoltes et qu'eux-mêmes sont les premiers à souffrir des dégâts qui se commettent, ne pouvant avoir facilement les denrées de première nécessité ou les payant très cher.

(1) Le 1ᵉʳ germinal an III, sur une réclamation de la brigade de Chaumont, le conseil du district autorisa la gendarmerie à dresser un mémoire des dépenses supplémentaires qu'entraînait pour elle le service des réquisitions et à se faire payer ces dépenses par les maires et agents des communes qui occasionneraient le déplacement de la force publique, sauf recours des autorités contre les citoyens qui auraient refusé d'obtempérer aux réquisitions.

Que de plaintes n'ont-elles pas été portées ces années dernières, les uns criant qu'on avait profité de la nuit pour piller leurs jardins et les autres que bien des particuliers profitaient également des ténèbres de la nuit pour envoyer paître leurs bestiaux dans les prés et manger ce qu'une récolte prochaine promettait de nous procurer !

Tous ces faits malheureux trop prouvés doivent faire ouvrir les yeux aux moins intéressés à la chose publique et les piquer d'émulation. Tous, dis-je, d'après de mûres réflexions, doivent être pénétrés des vrais principes de la loi. Respectons, ou faisons respecter les propriétés, c'est un devoir prescrit à l'honnête homme.

Combien d'individus malveillants ne se glorifient pas de ces abus, voyant qu'on ne cherche nullement à les supprimer ! Il faut, chers concitoyens, leur ôter tout espoir de mal faire, leur prouver par nos soins, notre exactitude à veiller sur leur conduite que toutes leurs démarches à fourrager les héritages soit de jour soit de nuit, seront cette année et par la suite infructueuses.

Pour pouvoir nous concerter ensemble sur le parti le plus prudent à prendre, je ne saurais que trop inviter tous cultivateurs propriétaires d'héritages à se trouver cejourd'hui à l'assemblée du conseil général qui aura lieu à 4 heures du soir. J'ose donc espérer que cette négligence à se trouver aux assemblées lorsqu'elles sont annoncées pour affaires de la commune, n'existera pas dans le cœur de toutes personnes qui aiment le bien public. Il est tard, mais toujours temps de s'occuper de tout ce qui peut favoriser le bien d'une commune. Mon premier devoir est de m'en occuper et le vôtre est de vous réunir à moi et à mes collègues pour mettre tout obstacle aux malveillants.

Fait à Vignory, le 28 germinal l'an III de la République française une et indivisible.

Bonnet, agent national.

Ce beau morceau d'éloquence villageoise ne devait pas avoir le résultat désiré. A la séance tenue le soir, le conseil général décidait bien de nommer trois gardes champêtres chargés de garder spécialement « les emblaves en blé, avoine, orge, les prés, luzernes, sainfoins, vignes, chenevières, vergers et jardins, les navettes, pois, haricots et pommes de terre, en un mot tous les terrains ensemencés ». Ces gardes, lorsqu'il y aurait de leur faute, seraient tenus de payer aux propriétaires « les dégâts, vols, pillages commis dans leurs héritages par les troupeaux, bœufs, chevaux, ou les voleurs et malveillants, après que ces dégâts auraient été constatés par experts choisis par les gardes et les propriétaires ». Ils devaient être rémunérés à raison de 5 sols par journée de vigne, ou de terre emblavée de blé, seigle, avoine, pois, haricots, etc., ou fauchée de pré, jardin ou verger, quelle que fût leur étendue. Enfin ils avaient ordre d'empêcher les chiens de chasse de pénétrer dans les terrains désignés et de signaler au greffe les propriétaires de ces chiens.

Malheureusement ces dispositions préventives ne furent pas du goût de plusieurs propriétaires de la commune, qui refusèrent de payer la somme qui leur était demandée. Devant cette opposition absolue, le corps municipal décida de surseoir à toute nomination. Mais bientôt les plaintes et les réclamations des habitants reprenaient de plus belle. Le 7 floréal, l'agent national constate que quantité d'individus, sous prétexte d'aller chercher de la « pairelle », s'occupent à arracher l'herbe des prés et à en remplir des sacs pour faire subsister leurs bestiaux. « Cette conduite scandaleuse, dit-il, m'a porté à avertir pour la seconde fois tous les bons citoyens de se trouver à 5 heures et demie au conseil général pour assister à ses délibérations. Vous seriez absolument répréhensibles si vous retardiez d'un instant à employer tout ce que votre sagesse suggère pour arrêter des abus aussi nuisibles au public. C'est pourquoi sans discussion (elles ne mettent que des entraves à de telles opérations) je demande que vous vous occupiez d'un travail qui mérite tous vos soins et qui fera connaître à tous nos concitoyens que vous et moi n'avez d'autres principes que de faire le bien général ». Sur quoi, la municipalité décide d'écrire au district pour lui faire part des mesures prises et lui demander si les propriétaires qui se refusent à payer les gardes champêtres pourront y être contraints. En attendant, les anciens gardes de la commune sont invités à surveiller pendant huitaine les dégâts qui pourraient se commettre dans les propriétés et à en faire leur rapport au greffe de la justice de paix.

La réponse du district tarda quelque temps à venir, puisque ce ne fut que le **22** prairial que les gardes champêtres, au nombre de trois, prêtèrent serment et entrèrent en fonctions (1). Quelque temps après, trois gardes forestiers furent également institués. Les propriétaires de bois devaient les payer à raison de 14 sols par arpent, sans préjudice de la faculté qu'ils conservaient de faire recevoir des gardes particuliers. Ce n'était pas une sinécure à cette époque que de veiller sur les propriétés. Le mal paraissait sans remède, tellement les mauvaises habitudes étaient invétérées. Le 14 messidor, le conseil général de la commune constate que, malgré toutes les précautions prises, les possesseurs de bestiaux ne cherchent qu'à dévaster les héritages de leurs voisins. La fauche des prés commencée, les pluies survenues ont empêché la continuation des travaux. On se plaint que les propriétaires de bétail conduisent leurs bêtes dans ces prés pour les y faire pâturer et le conseil est obligé d'interdire cette pratique avant l'enlèvement complet des foins et pour les cantons emblavés avant l'achèvement de la moisson. En thermidor, nouvelles défenses contre les particuliers qui se permettent de parcourir les héritages ensemencés d'orge et d'avoine pour en tirer l'herbe qui s'y trouve ; on interdit à tous autres que les propriétaires d'entrer dans les emblavures ; les gardes champêtres et particuliers intéressés au bon ordre et au respect des propriétés sont invités à faire rapport contre les contrevenants. Enfin, quand l'instant de la moisson approche, le conseil général d'accord avec les cultivateurs édicte de nouveaux règlements, afin que tout dans cette importante opération, se passe avec régularité. Aucun propriétaire ne pourra commencer l'ouverture des moissons avant leur maturité, sous peine d'être condamné à l'amende et à la réparation des dommages causés dans les propriétés de ses concitoyens. Il est seulement permis aux propriétaires de

---

(1) Le 8 messidor, le directoire du district de Chaumont prenait un arrêté général enjoignant aux communes dépourvues de gardes champêtres, d'en nommer immédiatement (Arch. de la Haute-Marne, L 131).

moissonner quant à présent pour leur subsistance
dans les champs contigus aux chemins. Les journaliers moissonnant pour des particuliers recevront
leurs gerbes de ceux-ci, à mesure qu'ils les emmène-
ront dans leurs granges. Défense est faite de charger
et de rentrer les gerbes une fois le soleil couché ; si
les propriétaires craignent le mauvais temps, ils
devront le déclarer au maire et à l'agent national.
Les gardes champêtres sont chargés de veiller à l'exécution de cet arrêté.

La surveillance de la municipalité ne s'étend pas
seulement aux propriétés. La sûreté, l'ordre, la santé
publique, en un mot, tout ce qui est d'intérêt général,
attire également son attention. Comme les bouchers de
Vignory et des environs mettent en vente « des viandes
qui paraissent très désagréables au goût et peuvent
être nuisibles à la santé des citoyens », défense leur est
faite de tuer aucune bête avant la visite de commissaires nommés à cet effet. Ces commissaires devront
visiter les animaux avant l'abattage et après le
dépouillement ; ils rendront compte tous les huit jours
de leurs opérations. Défense aux propriétaires de chevaux morveux de les faire paître et abreuver dans les
lieux publics ; les chevaux soupçonnés d'être atteints
de cette maladie seront examinés par un maréchal
expert ou un « artiste vétérinaire » que l'on fera venir
spécialement de Chaumont. Défense aux cabaretiers
de donner à boire et à manger passé huit heures du
soir aux citoyens domiciliés dans la commune ; tous
billards et jeux publics doivent être fermés à la même
heure. Deux commissaires sont encore nommés pour
assurer l'exécution de cet arrêté. Pendant l'hiver, les
citoyens reçoivent l'ordre de tenir la route propre
devant leurs maisons et de dégager le ruisseau, sous
peine de payer une somme fixée par la police municipale. En germinal, les loups déciment les troupeaux
de la commune. On invite tous les habitants âgés de
plus de vingt-cinq ans sachant manier une arme à

feu et tous les citoyens « raisonnables » qui voudront faire une battue dans la forêt, à se réunir à cet effet. Enfin, le corps municipal se préoccupe de pourvoir le village de l'instituteur et du berger qui lui font défaut. Déjà, au mois de janvier 1790, le recteur d'école trouvant que « les rétributions attachées à cette place étaient très médiocres à proportion des charges qui y étaient attachées, lesquelles ne lui permettaient pas d'exercer un emploi quelconque pour subvenir à sa subsistance », avait cru devoir donner sa démission. Ses successeurs ne trouvèrent pas la place meilleure, car, en l'an III, le poste était de nouveau vacant. Au début de ventôse seulement, un candidat se présente; c'est « le citoyen Nicolas Collin, ci-devant élève en chirurgie, demeurant à Langres, lequel a dit qu'instruit qu'il fallait un instituteur à Vignory et que les écoles primaires en cette commune, faute de ce, n'étaient pas encore ouvertes, il offrait de remplir cette place ». Après informations prises sur sa conduite, capacité, mœurs, talents et civisme, le citoyen Collin est installé en qualité d'instituteur des écoles primaires de la commune de Vignory et communes ci-annexées. Le choix d'un pâtre fut plus difficile que celui du maître d'école. Les habitants n'étaient pas d'accord sur la rémunération à lui attribuer, et de nombreuses séances furent consacrées à l'étude de cette question épineuse. On convint enfin, le 18 ventôse, qu'on lui payerait à la Saint-Martin (vieux style) un boisseau de froment et un boisseau d'orge ou une somme équivalente par tête de gros bétail, plus une demi-livre de pain par mois; dix sous par mois et une demi-livre de pain par tête de petit. Le pâtre devait être en outre exempt du logement décadaire. Deux bergers furent engagés à ces conditions par bail de trois, six ou neuf.

La surveillance des soldats et des volontaires en congé dans leur famille, la délivrance de passe-ports, de certificats de résidence et de civisme occupent également la municipalité. Ces certificats, procès-

verbaux, transcriptions de lois sont si nombreux que
le greffier se plaint de ne pas être assez payé en raison
du temps qu'il consacre à ces écritures (1). Et puis ce
sont les opérations de trésorerie et de comptabilité :
vérification du rôle des droits supprimés en 1790 ;
instruction des demandes en remboursement des
citoyens qui ont payé ces droits ; apurement des
comptes des anciens maires et trésoriers de la commune ; vérification de l'état des caisses des receveurs
de deniers nationaux, percepteur, receveur des droits
d'enregistrement, poste aux lettres ; tableau des muta-
tations de propriétés envoyé à l'administration du
district pour l'établissement des rôles de la contribution foncière. Cette contribution se paie moitié en
grains, moitié en assignats, valeur nominale, mais le
recouvrement de cet impôt ne doit pas être très facile,
puisque nul ne veut s'en charger au sein du conseil
municipal. En désespoir de cause, on s'adresse une
fois encore au district qui répond que la perception
doit être mise en adjudication (2). Et en effet, à deux
reprises différentes, nous voyons procéder à l'adjudication au rabais de la contribution foncière, de la contribution personnelle et des taxes somptuaires. Malgré
l'appât de la remise, quatre ou cinq citoyens au plus
se mettent sur les rangs. C'est que la tâche de collec-
teur n'est guère facile ; les contribuables ne paient que
contraints et forcés, et il faut souvent employer les
moyens les plus rigoureux pour triompher de leur
mauvais vouloir.

Restent l'état d'esprit de la population, ses opinions
politiques, ses tendances, au sujet desquels les délibérations du conseil municipal ne nous renseignent
qu'imparfaitement. Sans doute, les lois sont appliquées

(1) Le 3 messidor, le district donna l'autorisation nécessaire pour que
son traitement fut porté de 2c0 à 40u livres (Arch. de la Haute-Marne,
L provisoire 132).

(2) La loi des 20, 22 et 23 novembre 1790 ordonnait en effet de recourir
à la mise en adjudication des contributions.

à Vignory avec une certaine régularité. Les officiers municipaux « décorés de leurs insignes » ne manquent pas de donner lecture, au pied de l'arbre de la liberté, des proclamations et des décrets du pouvoir législatif, des arrêtés du Comité de salut public ou des représentants en mission. On célèbre les fêtes que la Convention a ordonnées, le 30 vendémiaire, en l'honneur des victoires de la République, le 2 pluviôse, anniversaire de l'exécution du « dernier tyran des Français ». Mais derrière ces formalités extérieures, que se cache-t-il ? On peut tout au moins l'entrevoir d'après quelques incidents significatifs qui se passent dans le domaine religieux.

Nous avons dit comment l'église de Vignory avait été convertie en temple de la Raison ; ce nom voisine avec celui de temple de l'Etre Suprême dans les discours de l'agent national (1). Les derniers emblèmes, ou, comme s'exprime le procès-verbal, « machines ou décorations » religieuses, en ont été enlevés, en vertu d'un arrêté du district du 2 frimaire an III. Mais ce ne devait pas être pour longtemps. Vers la fin de nivôse, le district était informé que plusieurs citoyens de Vignory venaient de rétablir les « saints » dans leur ancienne place ; la cérémonie s'était faite au chant des psaumes et les contrevenants n'avaient pas craint de s'asseoir au lutrin. Comme précisément le Comité de sûreté générale venait de faire passer un arrêté (arrêté du 12 nivôse an III) enjoignant aux administrations et aux comités révolutionnaires de s'opposer à tout rassemblement fanatique ou royaliste et de faire saisir instigateurs et orateurs de ces rassemblements, le district s'empresse d'écrire à l'agent national de Vignory, pour connaître le nom des auteurs de cette « scandaleuse conduite ». Saisie de cette requête par

____

(1) Ces deux cultes ne furent jamais bien nettement distingués par la masse du peuple français. Voir A. Aulard, *Le Culte de la Raison et le Culte de l'Etre Suprême*, Paris, 189 , in-12.

l'agent national, la municipalité ne pouvait qu'y déférer.

Le 13 pluviôse, nouvel incident. C'est « un rassemblement et émeute fanatique » (le procès-verbal n'entre pas dans d'autres détails), dont les auteurs sont reconnus être les citoyens Bernard Petit et Nicolas Deroche le jeune. « Pour obvier par la suite à tout inconvénient concernant la tranquillité publique », la municipalité dresse procès-verbal dont copie est envoyée, d'une part à l'administration du district, de l'autre au Comité révolutionnaire. Deux jours après, Nicolas Deroche (l'autre coupable ayant probablement pris la fuite) était arrêté à 8 heures du soir, en vertu d'un mandat d'amener envoyé par le Comité révolutionnaire du district, et comme la gendarmerie ne pouvait le conduire de suite à Chaumont, on l'enfermait provisoirement dans la maison de réclusion.

Cette fois la leçon avait porté. Le calme renaît dans la commune. Les cloches que la municipalité emploie à sonner les séances du conseil, à indiquer aux cultivateurs les heures où doivent commencer et finir les travaux de la campagne, ont bien recommencé à sonner (ce qu'elles ne faisaient pas sous la Terreur) les offices et les enterrements. Mais, chose étrange au premier abord, la municipalité ne le trouve répréhensible qu'après la loi du 3 ventôse établissant la liberté des cultes. C'est que si cette loi permet à tout citoyen d'exercer un culte quelconque, elle défend aussi que les édifices nationaux servent pour l'exercice de ces cultes. D'autre part, sa promulgation a rendu courage aux timorés : le 11 floréal, l'agent national déclare qu'en dépit de tous les efforts, il a été impossible « de mettre un frein à bien des malveillants qui ne cessent depuis quelques jours de chanter en conduisant les corps morts ». Or le district vient justement de s'informer si le culte ne se célébrait pas dans la ci-devant église de la commune et si les cloches ne sonnaient pas pour y attirer les habitants. Désireuse de mettre sa responsabilité à couvert, la municipalité prend aussitôt un arrêté ordonnant une nouvelle lecture de la loi du 3 ventôse et faisant « défense à tout particu-lier de sonner les cloches pour tout rassemblement autre que ceux autorisés par la loi, sinon le matin pour annoncer le commencement des travaux de la journée, à midi, et le soir pour rappeler à la brume les ouvriers dans leurs habitations ». Elle ordonne aussi que les clefs de la ci-devant église soient dépo-sées chez le greffier de la commune ; tout particulier qui se permettrait d'ouvrir la dite église pour y sonner la cloche et y rassembler le peuple, sous prétexte d'exercer le culte, ou de chanter des psaumes en accompagnant un convoi funéraire sera dénoncé au district par la municipalité.

Mais ce sera pour la dernière fois que la municipa-lité fera cette menace si rarement mise à exécution. La loi du 11 prairial, on le sait, rendit à leur destina-tion les édifices consacrés au culte. Dès le 29, le citoyen Pierre Gaucher, prêtre, résidant à Vignory depuis environ six mois, se présentait devant la muni-cipalité et déclarait « qu'ayant été invité par une députation des citoyens de cette commune à célébrer la messe dans l'église aujourd'hui à 10 heures du matin, il allait se conformer à leur demande et ce, suivant les dispositions de la loi, sans entendre con-tracter avec les dits citoyens aucune autre obligation postérieure ». Depuis lors, les offices seront célébrés régulièrement dans la commune et la municipalité se relâche si bien de sa sévérité que le citoyen Etienne Volland, ancien vicaire de Roux à Vignory, puis curé constitutionnel de Daillancourt, ayant commis une infraction à la loi du 3 ventôse (on ne nous dit pas malheureusement laquelle), le conseil général se borne à le rappeler par écrit à l'exécution de cette loi.

A ce moment du reste (nous sommes en juillet 1795), une détente très sensible se produit dans la vie générale de la commune. La situation politique s'est grandement améliorée ; à l'extérieur, les victoires de la République, à l'intérieur, une récolte satisfaisante libèrent enfin le paysan des deux grands soucis qu'il a eus pendant le rude hiver de l'an III : celui de la famine et celui des réquisitions perpétuelles. Quand il comprend que c'en est fait du régime de compression et de crainte sous lequel il a si longtemps vécu, il n'hésite plus à manifester son aversion pour les charges qu'on lui a imposées. Celles-là même qui se rattachent le plus étroitement à l'exercice des droits et des prérogatives du citoyen lui paraissent aussi insupportables que les autres. C'est à peine si, en thermidor, quand il s'agit de réorganiser la garde nationale conformément à la loi du 28 prairial, trente citoyens se présentent à Vignory pour en faire partie, et l'on est obligé de renoncer à la constituer, « vu l'indifférence de la plupart pour l'organiser ». Deux mois plus tard, en brumaire an IV, l'élection du citoyen destiné à représenter le canton dans la garde du Corps législatif, échoue plus piteusement encore ; malgré deux convocations successives, en dépit de plusieurs appels au son de la cloche et du tambour, la municipalité et le commandant en chef se trouvent seuls dans la ci-devant église où doit se tenir la réunion et l'assemblée se sépare sans avoir pu procéder à l'élection, « aucun des citoyens gardes nationales ne s'étant présenté ».

Ces quelques faits sont révélateurs de l'état des esprits à cette date. Visiblement, en l'an III, le paysan est las des luttes et des agitations de la politique. Si le danger de la patrie a paru un instant l'émouvoir, s'il s'est levé pour défendre son champ et ses libertés menacées, il n'aspire plus, une fois ce péril écarté, qu'à jouir en paix des bienfaits dont la Révolution a été prodigue à son égard. Les sentiments enthousiastes qui galvanisaient les énergies ont fait place de nouveau au souci des préoccupations matérielles ; on trouve durs les devoirs que la situation impose, et cette impression de lassitude, ce n'est pas seulement la masse des tièdes et des indifférents qui l'éprouve. Ceux qui furent les plus ardents aux jours de l'an II, ceux que leur patriotisme et leur civisme ont désigné pour les premières places dans la commune, commencent à se relâcher du dévouement dont ils avaient un instant fait preuve. Pendant une partie de l'an III, Vignory se trouve dépourvu de maire, personne ne se souciant d'occuper cette place. A la fin, le choix de la municipalité se porte sur un ex-chanoine de Langres, Alexandre-Charles Berthot, qui s'est marié dans la commune et habite chez son beau-père depuis le 1er brumaire précédent. On le désigne à Pépin comme offrant toutes les garanties désirables, et par un arrêté du 13 floréal, le représentant en mission l'installe dans cette fonction. Par le même arrêté, le citoyen Joseph Bonnet est titularisé dans celle d'agent national. C'est l'agent national, on l'aura remarqué sans doute, qui supporte tout le poids de la machine administrative ; recevant les ordres du district, c'est lui qui prend l'initiative de toutes les mesures et veille à l'exacte application des lois. Sans sa vigilance toujours en éveil, sans ses continuelles remontrances, la municipalité retomberait vite dans cette apathie presque incurable à laquelle l'arrache seule la peur de se compromettre. Encore cette crainte n'est-elle qu'à demi-efficace, puisque beaucoup d'officiers municipaux ont désappris le chemin de la maison commune et s'abstiennent d'assister aux séances du conseil général. Le 3 pluviôse, l'agent national considérant « que la perte d'un temps aussi précieux pour la chose publique est contraire aux lois d'un gouvernement révolutionnaire », se fait autoriser à dénoncer, toutes les décades, ceux qui persisteraient dans cette négligence coupable. Mais l'agent national lui-même trouve bien lourde la charge qui lui est imposée ; à plusieurs reprises il offre sa démission que ses collègues, avec un égoïsme bien naturel, refusent non moins obstinément d'accepter. Enfin, le 8 vendémiaire an IV, Bonnet annonce qu'il va se fixer à Wassy ; le maire prévient aussi le conseil que des affaires de famille l'appellent pour cinq ou six semaines à Vaux. Ce double départ marque la fin de la période d'activité que nous avons retracée. Pendant le mois qui suit, les séances de la municipalité redeviennent rares, les procès-verbaux écourtés et insignifiants. Puis le registre se termine, sur la mention que les administrations instituées par la nouvelle Constitution, sont sur le point d'entrer en activité. C'est à l'étude de M. Jules Viard sur la municipalité de Fresne-sur-Apance (1) que doivent recourir ceux qui désireraient savoir comment fonctionna dans la Haute-Marne le système des municipalités de canton.

(1) Jules Viard, *Une municipalité de canton sous le Directoire*, in *Revue de Champagne et de Brie*, 2ᵉ série, t. II, 1890, p. 489-532, 669-690.

www.ingramcontent.com/pod-product-compliance
Ingram Content Group UK Ltd.
Pitfield, Milton Keynes, MK11 3LW, UK
UKHW020047100726
13658UKWH00004B/1602